OS CONCEITOS
DE CARL GUSTAV JUNG
E DE EDWARD BACH
APLICADOS À MEMÓRIA
EMOCIONAL

Editora Appris Ltda.
1.ª Edição - Copyright© 2021 do autor
Direitos de Edição Reservados à Editora Appris Ltda.

Nenhuma parte desta obra poderá ser utilizada indevidamente, sem estar de acordo com a Lei nº 9.610/98. Se incorreções forem encontradas, serão de exclusiva responsabilidade de seus organizadores. Foi realizado o Depósito Legal na Fundação Biblioteca Nacional, de acordo com as Leis nos 10.994, de 14/12/2004, e 12.192, de 14/01/2010.

Catalogação na Fonte
Elaborado por: Josefina A. S. Guedes
Bibliotecária CRB 9/870

P337c 2021	Pavan, Vicente de Vasconcellos Os conceitos de Carl Gustav Jung e de Edward Bach : aplicados à memória emocional / Vicente de Vasconcellos Pavan. - 1. ed. - Curitiba: Appris, 2021. 59 p. ; 21 cm. Inclui bibliografia. ISBN 978-65-250-1014-4 1. Flores – Uso terapêutico. 2. Psicoterapia. I. Título. II. Série. CDD – 615.321

Livro de acordo com a normalização técnica da ABNT

Appris
editora

Editora e Livraria Appris Ltda.
Av. Manoel Ribas, 2265 – Mercês
Curitiba/PR – CEP: 80810-002
Tel. (41) 3156 - 4731
www.editoraappris.com.br

Printed in Brazil
Impresso no Brasil

Vicente de Vasconcellos Pavan

OS CONCEITOS DE CARL GUSTAV JUNG E DE EDWARD BACH APLICADOS À MEMÓRIA EMOCIONAL

FICHA TÉCNICA

EDITORIAL
Augusto V. de A. Coelho
Marli Caetano
Sara C. de Andrade Coelho

COMITÊ EDITORIAL
Andréa Barbosa Gouveia (UFPR)
Jacques de Lima Ferreira (UP)
Marilda Aparecida Behrens (PUCPR)
Ana El Achkar (UNIVERSO/RJ)
Conrado Moreira Mendes (PUC-MG)
Eliete Correia dos Santos (UEPB)
Fabiano Santos (UERJ/IESP)
Francinete Fernandes de Sousa (UEPB)
Francisco Carlos Duarte (PUCPR)
Francisco de Assis (Fiam-Faam, SP, Brasil)
Juliana Reichert Assunção Tonelli (UEL)
Maria Aparecida Barbosa (USP)
Maria Helena Zamora (PUC-Rio)
Maria Margarida de Andrade (Umack)
Roque Ismael da Costa Güllich (UFFS)
Toni Reis (UFPR)
Valdomiro de Oliveira (UFPR)
Valério Brusamolin (IFPR)

ASSESSORIA EDITORIAL
Evelin Louise Kolb

REVISÃO
Ana Lúcia Wehr

PRODUÇÃO EDITORIAL
Jhonny Alves dos Reis

ASSISTÊNCIA DE EDIÇÃO
Marina Persiani

DIAGRAMAÇÃO
Bruno Ferreira Nascimento

CAPA
Daniela Baumguertner

COMUNICAÇÃO
Carlos Eduardo Pereira
Débora Nazário
Karla Pipolo Olegário

LIVRARIAS E EVENTOS
Estevão Misael

GERÊNCIA DE FINANÇAS
Selma Maria Fernandes do Valle

Agradecimentos

Agradeço a todos que, direta ou indiretamente, contribuíram para a construção deste livro.

Agradeço especialmente à minha mulher, Silvia Helena, e à minha filha, Ingrid, pois, sem o apoio e a dedicação de ambas, teria sido impossível a realização desta obra.

Prefácio

Caminhando paralelo à ciência aplicada em encontros embebidos de diazepans e benzodiazepínicos, encontrei, numa tarde febril, em um hospital público do Rio de Janeiro, uma pessoa em desespero aparente, cuja sorte não diferia das muitas que esbarrei ao longo destes anos como médico plantonista do Sistema Único de Saúde (SUS).

Tive a sorte, e a pessoa desesperada também, de ver passar no momento pelo corredor apinhado de odores e males, um certo médico que, humildemente, perguntou se poderia ministrar uma dose de um frasquinho que retirou do bolso, não menos tímido do que convicto. Não é necessário dizer que o efeito foi quase imediato e o desespero na face da pessoa cuidada transformou-se em serenidade e cor.

Com alegria, vejo hoje, anos após esse fato, a grandeza dos Florais do Dr. Bach e a plenitude de uma trajetória de sucesso e dedicação de um amigo e profissional querido ser retratada neste livro.

Mergulhar nesta experiência, conhecer o poder dos remédios Florais do Dr. Bach traz-nos a esperança e a força para descobrir mais as possibilidades que este Planeta nos proporciona.

Dr. Edson Nelson Pinho Carpes
Médico psiquiatra e homeopata

Sumário

INTRODUÇÃO

CAPÍTULO I
HISTÓRICO, TEORIA
E OBRA DE DR. BACH 13

CAPÍTULO II
A FILOSOFIA JUNGUIANA APLICADA
ÀS TEORIAS DE DR. BACH 21

CAPÍTULO III
OS REMÉDIOS FLORAIS DE DR. BACH E SUAS APLICAÇÕES..... 25

Remédios Florais e plantas correspondentes 27

AGRIMONY (*Agrimonia eupatoria*) 27

ASPEN (*Populus tremula*) 27

BEECH (*Fagus sylvatica*) 28

CENTAURY (*Erythroea centaurium*) 28

CERATO (*Ceratostigma willmottiana*) 28

CHERRY PLUM (*Prunus cerasifera*) 29

CHESTNUT BUD (*Aesculus hippocastanum*) 29

CHICORY (*Cichorium intybus*) 29

CLEMATIS (*Clematis vitalba*) 30

CRAB APPLE (*Pyrus malus*) 30

ELM (*Ulmus campestris*) 30

GENTIAN (*Gentiana amarella*) 31

GORSE (*Ulex europaeus*) 31

HEATHER (*Calluna vulgaris*) 31

HOLLY (*Ilex aquifolium*) 31

HONEYSUCKLE (*Lonicera caprifolium*) 32

HORNBEAM (*Carpinus betulus*) 32

IMPATIENS (*Impatiens royalei*) 32

LARCH (*Larix europea*) 33

MIMULUS (*Mimulus luteus*) 33

MUSTARD (*Sinapsis arvensis*) 33

OAK (*Quercus pedunculata*) 33

OLIVE (*Olea europaea*) 34

PINE (*Pinus sylvestris*) 34

RED CHESTNUT (*Aesculus cárnea*) 34

ROCK ROSE (*Helianthemun vulgare*) 35

ROCK WATER 35

SCLERANTHUS (*Scleranthus annuus*) 35

STAR OF BETHLEHEM (*Ornithogalum umbellatum*)....................36

SWEET CHESTNUT (*Castanea vulgaris*) 36

VERVAIN (*Verbena officinalis*) 36

VINE (*Vitis vinifera*) 36

WALNUT (*Juglans regia*) 37

WATER VIOLET (*Hottonia palustris*) 37

WHITE CHESTNUT (*Aesculus hippocastanum*) 37

WILD OAT (*Bromus asper*) 38

WILD ROSE (Rosa canina) 38

WILLOW (*Salix vitellina*) 39

RESCUE REMEDY 39

CAPÍTULO IV
HIPÓTESES SOBRE O LOCAL DE AÇÃO DOS REMÉDIOS FLORAIS DE DR. BACH....................41

Em relação à psique 41

Em relação ao nosso corpo 42

CAPÍTULO V
COMO PRESCREVER....................47

CAPÍTULO VI
CONSIDERAÇÕES FINAIS....................53

REFERÊNCIAS 57

Introdução

Antes de prosseguir, quero agradecer a você, leitor, que está me honrando com sua leitura.

Quero deixar claro que, por vários anos, hesitei em escrever o presente trabalho por medo de enfrentar as críticas que poderiam surgir ao abordar um tema que costuma provocar opiniões contrárias fortes e, até mesmo, jocosas: Florais de Bach. Sempre fiz questão de exercer a prática médica de forma séria e acadêmica, objetivando não apenas bons resultados com os pacientes, mas, também, ser respeitado entre os colegas de profissão. Por isso, fui adiando esse projeto por muito tempo. Porém, a eficácia dessa terapia, aos poucos, foi rompendo o bloqueio do medo do enfrentamento e passou a exigir que o espírito científico prevalecesse e obrigasse a divulgar as experiências que obtemos com determinadas técnicas, ou procedimentos, que possam resultar em benefício para os seres vivos.

Desde o início de 1992, prescrevo os Remédios Florais de Dr. Bach, depois que fui testemunha de uma recuperação excelente de uma paciente com sequelas de um traumatismo cranioencefálico, o qual ocorreu 15 anos antes; e que passou a ser tratada, simultaneamente, por mim e por uma psiquiatra. Diante da melhora acentuada da referida paciente, fui perguntar à colega que tipo de terapia era aquela; e ela me respondeu ser Floral de Bach. Então, quis conhecer tal método terapêutico. Deparar-se com a filosofia espiritualista de Dr. Bach foi uma surpresa que me obrigou a buscar uma metodologia que pudesse aplicar na prescrição, já que não tinha como duvidar da eficácia dela. Ao longo do tempo, pude perceber melhor a ação dos Remédios Florais de Dr. Bach, e isso me permitiu chegar a conclusões muito interessantes sobre a provável atuação deles no nosso organismo e, principalmente, no cérebro. Assim, espero trazer esclarecimentos que possam facilitar o entendimento e ajudar a divulgar essa terapia complementar, muito eficaz nos distúrbios emocionais.

Deve ser ressaltado que os Remédios Florais de Dr. Bach jamais vão substituir a Medicina Alopática, mas são extremamente úteis como terapia auxiliar para aliviar o sofrimento dos pacientes e melhorar a qualidade de vida deles. Atuam em sintomas não alcançados pela Alopatia como medos, angústia, solidão, insegurança, baixa autoestima, tristeza, culpa, intolerância — só para citar alguns como exemplos.

Em tempo, quero esclarecer que a terapia com os Remédios Florais de Dr. Bach é respaldada pela maior entidade médica do mundo, a Organização Mundial da Saúde (OMS), desde 19 de maio de 1976, quando foi reconhecida em Assembleia Geral como método terapêutico válido. Os Remédios Florais de Dr. Bach são registrados na Inglaterra e nos Estados Unidos da América do Norte como Remédios Homeopáticos.

Capítulo I

Histórico, teoria e obra de Dr. Bach

A prática da Arte de Curar remonta a tempos tão antigos, que, na realidade, se confunde com a existência do homem na face da terra. Assim, ao longo das civilizações, surgiram vários métodos e sistemas de medicina. Lamentavelmente, pouco sabemos sobre as escolas médicas da Antiguidade graças ao incêndio da biblioteca de Alexandria (391 d.C.), o qual destruiu grande parte do conhecimento antigo proveniente do Oriente. Porém, do pouco que sobrou, podemos observar que a prática médica era muito influenciada pela religiosidade e pelas ciências herméticas.

Hipócrates (460 a.C.-377 a.C.), ao postular que doença e saúde eram fenômenos naturais, e não a "ira dos deuses", entrou em conflito com os conceitos vigentes na época e se tornou um marco tão importante na história da medicina, que recebeu o título de "Pai da Medicina". Ele acreditava que o organismo tem capacidade para curar a si próprio e que a doença só surge quando esse mesmo organismo se debilita e, por isso, fica em desarmonia com a natureza. Sua técnica consistia em revitalizar o indivíduo doente ou enfraquecido por meio de plantas medicinais, jejum, banhos, dietas especiais e terapia com minerais e cristais. Ou seja, tratava o paciente como um todo, não somente o seu sintoma específico. Ao tratar o paciente de forma global, acabava conseguindo curar, também, a parte doente. Uma das técnicas usadas por Hipócrates era administrar uma substância semelhante à doença, isto é, alguma coisa que produzisse, no organismo, sinais ou sintomas idênticos aos da doença que queria tratar (método indireto). Por exemplo, no caso de uma febre, administrava alguma substância tóxica capaz de elevar a temperatura corporal, só que essa era diluída em pequenas doses e, ao invés de intoxicar o organismo, se transformava num antídoto, provocando a queda da temperatura do corpo. Apenas nos casos de emergências, como hemorragias ou síncopes, adotava uma terapia direta.

No século II, Claudio Galeno (131-200) desenvolveu um sistema terapêutico oposto ao de Hipócrates, ou seja, combatia as doenças administrando substâncias que agiam de forma direta e contrária aos sinais ou sintomas (método direto). Por exemplo, em caso de febre, empregava um recurso antitérmico; em caso de dor, prescrevia um analgésico. Esse método prático e de resultados imediatos constitui a base da medicina alopática que persiste até os dias atuais.

A medicina galenista permaneceu no obscurantismo por mais de 10 séculos e, durante a Idade Média, era ensinada apenas nos mosteiros. Somente com o Renascentismo, ganhou magnitude ao ser incorporada como uma importante cadeira nas universidades conceituadas da época. Seu enfoque lógico e racional combinou muito bem com a medicina acadêmica, que não aceitava nada que não pudesse ser explicado.

Samuel Hahnemann (1755-1843), ao estabelecer as bases da homeopatia, resgatou parte dos conceitos de Hipócrates, aplicando a "lei dos semelhantes", método terapêutico já empregado pelo mestre grego em algumas circunstâncias.

No século II, o médico grego Claudio Galeno (131-200), ao traçar o perfil de suas pacientes para melhor entender as suas anomalias, observou que as mulheres portadoras de câncer de mama tinham comportamento melancólico. Mas, somente nos meados do século XX, os laboratórios de pesquisa iniciaram estudos sobre o efeito das emoções no corpo humano.

No decorrer do século XX, a medicina ganhou impulso sem precedentes. As duas Grandes Guerras Mundiais provocaram muita destruição, mas também proporcionaram avanços tecnológicos que permitiram descobertas que revolucionaram as ciências em geral. Na área médica, desde então, os conhecimentos científicos têm avançado de modo intenso, cada vez mais. Exames sofisticados com auxílio de computadores; tecnologia avançada com engenharia genética; terapias com células-tronco; cirurgias com auxílio de microscópio e raio laser: só para citar alguns exemplos de avanços tecnológicos que têm melhorado muito o prognóstico de doenças antes consideradas incuráveis e, consequentemente, a qualidade de vida humana.

Porém, um fato curioso vem acontecendo após a segunda metade do século passado: apesar de toda tecnologia disponível atualmente, cada vez mais, as pessoas estão buscando métodos terapêuticos naturais. Um desses métodos que mais têm se destacado por causa de sua eficiência é a terapia com os Remédios Florais de Dr. Bach.

Dr. Edward Bach foi um médico inglês que idealizou e sistematizou, entre 1928 e 1936, o método terapêutico com remédios preparados de flores. Ele nasceu em Moseley, um vilarejo perto de Birmingham, na Inglaterra, em 24 de setembro de 1886, e se formou em Medicina, em 1912.

Em 1913, recebeu os títulos de Bacteriologista e Patologista e, em 1914, obteve, em Cambridge, o diploma de Saúde Pública.

Em 1917, apresentou uma grave hemorragia e foi operado de urgência. Foi-lhe comunicado que estava com uma doença incurável e que, embora tivesse sido extirpada, talvez tivesse apenas mais três meses de vida, pois poderia ter metástases. Permaneceu esse tempo acamado, mas, sentindo que estava melhorando, retornou às suas atividades de pesquisa no laboratório. Em pouco tempo, estava totalmente recuperado, para surpresa de todos. Provavelmente, essa vivência lhe permitiu perceber a grande importância dos estados emocionais na origem e na cura das doenças.

Apesar de ver, cada vez mais, aumentar o número de seus clientes, sentia-se frustrado com os resultados obtidos com os tratamentos. Com a sua capacidade de observação e seus conhecimentos como bacteriologista, descobriu a relação de algumas bactérias intestinais com doenças crônicas. As doenças melhoravam com a injeção parenteral de algumas bactérias específicas.

Cada vez mais conhecido por suas descobertas no campo da bacteriologia, trabalhou em tempo exclusivo para o University College Hospital e, depois, como bacteriologista do London Homeopathic Hospital, onde permaneceu até 1922. Foi lá que conheceu a doutrina de Samuel Hahnemann, o fundador da homeopatia, cujo princípio consiste em curar o paciente, e não a doença, e na ideia de que os remédios são prescritos levando-se em consideração a personalidade do paciente, suas características, idiossincrasias e seus sintomas físicos.

Dr. Bach passou a preparar suas vacinas empregando método homeopático e a administrar por via oral, ao invés da parenteral; e os resultados foram ainda melhores. Preparou sete nosódios homeopáticos a partir de sete tipos de bactérias intestinais que isolou do intestino de doentes crônicos.

Edward Bach percebeu que havia relação entre cada tipo de bactéria e um tipo definido de personalidade. Dessa forma, todos os pacientes que padeciam das mesmas dificuldades emocionais necessitavam do mesmo nosódio, independentemente do tipo de doença física. Passou, então, a prescrever os nosódios de acordo com os distúrbios emocionais dos pacientes, e os resultados foram ótimos, com grande aceitação entre os médicos homeopatas e alopatas na Europa e em outros países, como os EUA.

Em 1930, quando gozava de prestígio e respeito na classe médica inglesa e de outros países, resolveu fechar seu consultório em Harley Street, seus dois laboratórios e partir para a zona rural do País de Gales, com o propósito de encontrar, na natureza, novos medicamentos.

Edward Bach partiu do princípio que o ser humano tem dois aspectos a serem considerados — o mental e o físico — e que, para que exista saúde, é necessário que ambos estejam em harmonia, vibrando em uníssono.

Segundo Dr. Bach, o distúrbio emocional é a manifestação de um desequilíbrio energético. A permanência crônica dessa alteração mental consolida-se no nosso corpo como doença.

Dr. Bach escolheu os vegetais como base para seus remédios, usando o seguinte critério:

- de baixa vibração, são as plantas venenosas que, quando ingeridas, matam;

- de média vibração, são os que nos servem de alimento;

- de alta vibração, são aqueles que têm o poder de cura.

Assim, Dr. Bach concluiu que os vegetais do 3º grupo, ao elevar nossas vibrações, reaproximam a nossa parte física da mental, restabelecendo o equilíbrio entre ambas e, consequentemente, a saúde.

Ao chegar ao País de Gales, Dr. Bach não dispunha de nenhum material de pesquisa, pois todo o equipamento que havia levado de seu laboratório extraviou-se na viagem. A descoberta aconteceu em 30 de maio de 1930. Frequentemente, ele caminhava pelos campos e, num desses dias, ao observar que muitas pétalas de flores continham gotas de orvalho em sua superfície, veio à sua mente a ideia de que, quando o sol incidia seus raios sobre elas, extraía o poder curativo das flores, antes de se evaporarem. Achou, então, que, se coletasse o orvalho dessas flores depois do sol nascer e as cobrisse com sua radiação, mas antes que se evaporassem, teria um líquido que seria um medicamento. E assim iniciou sua pesquisa. Antes de encontrar determinada flor, ele sofria agudamente o desequilíbrio emocional para o qual deveria encontrar a flor que restaurasse sua tranquilidade e paz e aliviasse os sintomas físicos que sentia.

Como esse método de colheita era complicado e demorado, e o importante era que o sol incidisse nas pétalas das flores e transferisse as propriedades curativas para um líquido, passou a colocar as pétalas dentro de um recipiente de vidro transparente com água pura de nascente, expondo-as ao sol por algumas horas.

Dr. Bach percebeu que o ser humano possui um conjunto de reações emocionais que é igual para todos. Em qualquer parte do mundo, seja homem, seja mulher, branco, negro, amarelo, do aborígene mais primitivo ao mais intelectualizado, o ser humano tem as mesmas reações emocionais. Ele identificou cada uma delas e descobriu um remédio, preparado de flores, para cada uma que estiver em desequilíbrio.

Dr. Bach classificou seus 38 Remédios Florais em sete grupos:

- para aqueles que sofrem com o medo:

Rock Rose
Mimulus
Cherry Plum
Aspen
Red Chestnut

- para aqueles que sofrem de indecisão:

Cerato
Scleranthus
Gentian
Hornbeam
Wild Oat

- para aqueles que sofrem com a falta de interesse pelas circunstâncias atuais:

Clematis
Honeysuckle
Wild Rose
Olive
White Chestnut
Mustard
Chestnut Bud

- para aqueles que sofrem de solidão:

Water Violet
Impatiens
Heather

- para os que sofrem com o excesso de sensibilidade a influências, ideias e opiniões:

Agrimony
Centaury
Walnut
Holly

- para o desalento ou desespero:

Larch
Pine
Elm
Sweet Chestnut
Star of Bethlehem
Willow
Oak
Crab Apple

- para aqueles que sofrem com a preocupação excessiva com o bem-estar dos outros:

Chicory
Vervain
Vine
Beech
Rock Water

Edward Bach realizou sua pesquisa por todos os cantos da Inglaterra e, após ter descoberto os 38 remédios e considerado completa a sua obra e a sua missão, faleceu em 27 de novembro de 1936, enquanto dormia.

A propósito, quase 500 anos antes de Cristo, Hipócrates, que é considerado o Pai da Medicina, quando definiu *mens sana corpore sano*, já havia concluído que existe interação entre a mente e o corpo, ou seja, a saúde do corpo está vinculada à saúde mental.

Vale a pena, também, ressaltar que, no início do século passado, o grande físico Albert Einstein provou que matéria e energia são a mesma coisa, ou seja, matéria é energia em estado condensado, e energia é matéria em estado radiante. Se fizermos uma analogia com o binômio mente/corpo, então teríamos que o corpo seria a mente (energia) em estado condensado, e a mente seria o corpo em estado radiante.

Capítulo II

A filosofia junguiana aplicada às teorias de Dr. Bach

Provavelmente, o que mais provocou resistência na comunidade médica ocidental em aceitar as teorias do Dr. Edward Bach foram seus conceitos fundamentados em base espiritualista. Para um profissional formado nos princípios da medicina alopática, fica muito difícil compreender o que não obedece a esses fundamentos. A ausência de uma bibliografia em linguagem científica dificulta muito o estudo desse método terapêutico, reconhecido pela OMS desde maio de 1976.

Dr. Bach definiu que a doença é o resultado de um conflito que surge quando a nossa personalidade se recusa a obedecer aos ditames da alma, e isso provoca desarmonia entre o eu superior, ou eu espiritual, e o eu inferior, ou personalidade. Portanto, seria interessante descobrir um caminho que permitisse aplicar a filosofia do Dr. Bach à luz de uma lógica não espiritualista, mas que pudesse ser interpretada de uma maneira compatível com a visão de alguém que tenha formação médica alopática.

Devemos lembrar que, no final do século XIX, quando a psiquiatria estava sendo reconhecida como especialidade médica, as desordens mentais eram conhecidas como "**doenças da alma**". Dessa forma, não seria de se estranhar que, no início do século XX, Dr. Bach assim interpretasse os distúrbios mentais.

Segundo Dr. Sigmund Freud, médico mundialmente famoso, considerado o "Pai da Psicanálise", as emoções se situam no inconsciente. Se empregarmos os conceitos de Dr. Bach, utilizando os ensinamentos sobre o inconsciente, do famoso psiquiatra suíço

Dr. Carl Gustav Jung, podemos dispor de um método que nos permite realizar a prescrição dos Remédios Florais dentro de um raciocínio de acordo com a lógica da nossa medicina ocidental.

Antes de prosseguir, é importante falar um pouco de Carl Gustav Jung e de sua obra.

Jung se formou em Medicina, em 1900, aos 25 anos de idade e foi trabalhar no Hospital Burgholzei, de Zurique, como assistente de Eugen Bleuler, um dos maiores psiquiatras de todos os tempos. Lá, teve carreira brilhante com publicação de inúmeros trabalhos e grande ascensão profissional. Em suas pesquisas com os pacientes psiquiátricos, anotava cuidadosamente os delírios, as alucinações, os gestos, mesmo que parecessem absurdos, pois acreditava que os sintomas da loucura continham significados tanto quanto os sonhos, os atos falhos e as manifestações neuróticas.

Em 1910, Jung foi estudar Arqueologia e Mitologia no intuito de desvendar um sonho vivenciado por ele próprio e encontrou significados que poderiam explicar as alucinações descritas por alguns pacientes com doença mental. Foi a partir daí que ele criou o conceito de **inconsciente coletivo** ou **psique arquetípica**, partindo da premissa de que cada pessoa traz dentro de si um conteúdo psíquico, onde estão gravados vestígios da história da humanidade, impessoais, comuns a todos os homens e transmitidos por hereditariedade, que se manifestam em padrões e imagens universais, como as que encontramos nas mitologias e diversas religiões.

Ele também definiu o **inconsciente pessoal** como um conteúdo psíquico composto de vivências individuais experimentadas por cada ser humano ao longo de sua vida, lembranças boas ou ruins de fatos ocorridos e esquecidos pela memória consciente e, principalmente, de imagens carregadas de grande potencial afetivo, incompatíveis com a atitude consciente, além das nossas imperfeições que tentamos esconder de nós mesmos (nosso lado negativo). Esses diversos elementos, apesar de não se conectarem diretamente ao **ego**, são capazes de influenciar os processos conscientes e provocar distúrbios de natureza psíquica ou somática.

Como **consciente**, Jung designou o local em que os conteúdos psíquicos se relacionam com o **ego**. Qualquer conteúdo psíquico, para se tornar consciente, obrigatoriamente, terá que se relacionar com o **ego**, que é o centro do consciente. Os processos psíquicos que não se relacionam com ele permanecem no domínio do inconsciente.

Arquétipo é o termo criado por Jung para representar imagens de vivências fundamentais que se repetiram através dos milênios, comuns a todos os seres humanos, que configuram a existência de uma base psíquica comum aos humanos. São as **matrizes arcaicas do comportamento humano**.

Jung descobriu, também, que existe, na psique arquetípica (inconsciente coletivo), um princípio coordenador que unifica os diversos conteúdos arquetípicos, ao qual denominou **si-mesmo** (*self*). Esse princípio simboliza o **arquétipo central** ou **arquétipo da unidade**, que corresponde ao **centro ordenador e unificador da psique total** (consciente e inconsciente). O si-mesmo é quem comanda a totalidade da psique, mantendo o **ego** sob seu domínio, e equivale à Imago Dei, dito de outra forma, à divindade empírica interna.

Como são entidades autônomas, o si-mesmo quer manter o **ego** subjugado ao seu comando. O relacionamento entre eles é conflituoso e equivale à relação entre **Deus** e o **homem**, assim como é descrito na mítica religiosa. Portanto, para a saúde da psique, é fundamental que exista uma ligação entre eles, ligação essa que Neumann denominou **eixo-ego-si-mesmo**.

Nos conceitos da Psicologia Analítica de Jung, antes de atingirmos a fase adulta, ocorreria o desenvolvimento do **ego**, com a separação progressiva entre o **ego** e o **si-mesmo**, enquanto, na idade adulta, o **ego** se renderia ao **si-mesmo**, mas, efetivamente, esse processo, que é denominado de "individuação," acontece ao longo de toda a nossa vida.

Retornando à teoria de Dr. Edward Bach, de que "a doença é o resultado de um conflito que surge quando a nossa Personalidade se recusa a obedecer aos ditames da Alma e há desarmonia entre o

Eu Superior (ou Eu Espiritual) e o Eu Inferior (ou Personalidade)", substituindo as palavras:

- doença por neurose

- personalidade por consciente

- alma por inconsciente

- eu superior por si-mesmo

- eu inferior por ego

teremos: "a neurose é o resultado de um conflito que surge quando o consciente se recusa a obedecer aos ditames do inconsciente, e há desarmonia entre o si-mesmo e o ego". Eis aqui a síntese dos conceitos de Edward Bach aplicados aos de Carl Gustav Jung.

Ao compararmos os conceitos de Dr. Edward Bach e os do Dr. Carl Gustav Jung, podemos ver que ambos disseram a mesma coisa, mas de forma diferente. Os estados emocionais identificados pelo Dr. Bach corresponderiam aos arquétipos do Dr. Jung, e, assim, ambos identificaram as matrizes do comportamento humano.

Capítulo III

Os Remédios Florais de Dr. Bach e suas aplicações

Dr. Edward Bach dizia que devemos tratar o desequilíbrio mental que aflige o indivíduo, e não a doença que o acomete, mas disse também que a própria doença pode sinalizar o distúrbio mental a ser tratado. Citou como exemplo que rigidez articular pode significar rigidez mental, assim como asma brônquica, ou dificuldade respiratória, indica que essa pessoa está, de algum modo, sufocando outra personalidade (se não tem coragem de fazer o que é certo, está sufocando a si mesmo), ou que uma doença no olho é uma falha em enxergar a verdade quando colocada diante dos olhos.

Ao observar que os distúrbios emocionais são sempre os mesmos, podemos concluir que os sintomas decorrentes deles também serão sempre os mesmos, e, dessa forma, a manifestação clínica pode indicar o desequilíbrio emocional, como Dr. Bach ensinou.

Dr. Bach os indicou como remédios porque têm poder definido de cura e seus efeitos independem de se acreditar ou não neles, ou de quem os administra, e embora esteja escrito em quase todos os livros que não provocam reações colaterais, na prática, não é bem assim. Todos os Remédios Florais de Dr. Bach são passíveis de produzir efeitos colaterais, como qualquer outra medicação; na maioria das vezes, leves, noutras, bastante acentuadas. Dr. Bach preconizou, também, que, para um médico prescrever seus remédios, deve ser profundo conhecedor da natureza humana e capaz de compreender o conflito interior que estiver causando doença no seu paciente e, assim, poder dar a orientação adequada e o tratamento necessários para o alívio do sofrimento.

Devemos sempre lembrar que as emoções se situam no inconsciente e que, segundo a filosofia junguiana, ele se manifesta por meio de uma linguagem simbólica. Isso significa que há necessidade de se fazer uma dinâmica de interpretação para a correta prescrição dos Remédios do Dr. Bach.

Outra questão que deve ser abordada é que existe, também, semelhança entre a teoria de Dr. Bach e a teoria sobre o estresse.

Quem primeiro definiu o conceito de estresse na área médica foi o médico clínico geral e endocrinologista austríaco, naturalizado canadense, Hans Seyle, em 1936. Ele observou que todos os pacientes, antes de serem acometidos por alguma doença, apresentavam, durante algum tempo, sintomas inespecíficos, tais como irritabilidade, tonteiras, taquicardias, cefaleia, e que, submetidos a exames clínico e laboratorial, nada de anormal era encontrado, até que, algum tempo depois, surgia uma doença. Isso o levou a definir como estresse uma síndrome geral de adaptação. Ou seja, quando o nosso organismo é submetido a algum agente agressor (químico, físico, inflamatório, emocional), começamos a apresentar sintomas inespecíficos. A permanência crônica desse(s) agente(s) agressor(es) acaba levando nosso organismo a uma falência orgânica múltipla, produzindo o surgimento de uma doença.

De forma análoga, Dr. Edward Bach, alguns poucos anos antes, já havia definido que a permanência crônica de um ou mais desequilíbrios emocionais acaba se consolidando no nosso organismo em forma de doença.

Nos tempos atuais, em que o ser humano é submetido a estresse contínuo, principalmente nos grandes centros urbanos do mundo, isso tem sido tema importante nas pesquisas médicas sobre a causa e/ou o agravamento das doenças em geral.

Remédios Florais e plantas correspondentes

AGRIMONY (*Agrimonia eupatoria*)

Segundo o Dr. Bach, este remédio se destina às pessoas atormentadas física ou mentalmente e que desejam paz. Normalmente, escondem seus problemas atrás de sorrisos e comportamento jovial, fazendo pilhérias até mesmo de seus próprios infortúnios. Frequentemente, usam bebidas alcoólicas e drogas lícitas ou ilícitas no intuito de suportarem seu viver. É o remédio para as pessoas que sofrem de **angústia crônica**. A palavra angústia deriva da alemã *"angst"*, que significa estreitamento. Portanto, os sintomas clínicos correspondentes são aqueles relacionados à contratura tônica e/ou espasmódica e variam de acordo com os órgãos comprometidos. Por exemplo, uma contratura da musculatura lisa do intestino produzirá sensação de cólica; uma contratura da musculatura lisa do esôfago provocará sensação de bolo esofagiano; na árvore respiratória, acarretará sensação de que a respiração está "presa"; no sistema vascular, sintoma de pressão no peito ou angina. Outra indicação para prescrição desse remédio é para o despertar na madrugada. O indivíduo dorme e, no meio da noite, acorda e não consegue conciliar o sono novamente. Podemos citar, também, tosse (principalmente a seca que surge sob tensão emocional), soluços, congestão nasal, refluxo gastresofágico, cólicas menstruais.

ASPEN (*Populus tremula*)

É o remédio para os medos indefinidos, pressentimentos, presságios, apreensão, receio do desconhecido. "Como vai ser? Como vai deixar de ser?". São preocupações em relação ao futuro, medo de espíritos, medo de morrer. É o remédio para a **neurose fóbica** — ansiedade, tremores, sudorese palmar e/ou plantar, medo de fracassar ao realizar provas —, muito prescrito para as fobias noturnas de crianças e adultos. Conforme citado anteriormente, para uma correta prescrição, devemos sempre fazer uma dinâmica de interpretação. Utilizando a insônia como exemplo, podemos perceber que o sono é uma morte temporária, e a morte é o sono eterno, portanto, quem tem medo de morrer, tem medo de dormir. Carl Gustav Jung buscava, nas diversas míticas religiosas, explicações para interpretar as simbologias da nossa psique; e, assim, na Mitologia Grega, *Tánato* é a divindade masculina da Morte, irmão de *Hipno* (o sono) e filho da Noite (personificação das trevas).

BEECH (*Fagus sylvatica*)

Indicado para pessoas que sofrem de intolerância acentuada, irritabilidade, autoritarismo, atitude crítica, intolerância a sons, alimentos, odores, luzes e que, com frequência, apresentam constipação intestinal. É o medicamento indicado para aliviar os sintomas de enxaqueca originada por intolerância a determinados alimentos e/ou odores.

CENTAURY (*Erythroea centaurium*)

Para as pessoas submissas, que têm dificuldades para enfrentar. Geralmente, submetem-se com resignação a pessoas autoritárias; para dificuldade de falar em público (fobia social). Este remédio ajuda a fortalecer o **ego**. É recomendado, também, para indivíduos com sensação de cansaço crônico e em fases de convalescença e déficit imunológico.

CERATO (*Ceratostigma willmottiana*)

A indicação deste remédio é para a insegurança. Para aqueles que não confiam na própria capacidade, que duvidam de si mesmos. Muito útil para quem vai prestar concursos, nas crises da adolescência e em todas as situações em que o indivíduo não acredita em si mesmo e que frequentemente pergunta a opinião das outras pessoas e o que elas fariam se estivessem em seu lugar. São pessoas com grau elevado de "sugestionalidade". Estudam muito e querem sempre saber mais, mas pouco aplicam seus conhecimentos porque não confiam em si mesmos.

CHERRY PLUM (*Prunus cerasifera*)

Este remédio é recomendado para quem tem medo de perder o controle, de enlouquecer, ou de cometer um desatino. Também é indicado para quem sofre de medo de altura e/ou de atravessar passarelas, assim como taquicardias e outras arritmias cardíacas, como fibrilação atrial (mesmo crônica), enurese noturna e demais situações em que o indivíduo perde o controle — por exemplo, explosões do humor.

CHESTNUT BUD (*Aesculus hippocastanum*)

Indicado para as pessoas que apresentam transtornos da atenção e que, por causa disso, repetem as mesmas experiências. Apresentam comportamento inquieto e, por isso, têm necessidade de estar sempre em movimento, o que provoca dispersão e dificuldade na concentração; atos repetitivos.

CHICORY (*Cichorium intybus*)

Segundo Dr. Bach, este Remédio Floral é para as pessoas que se preocupam em demasia com o "bem-estar" dos outros e acabam cometendo excessos no cuidado de filhos, parentes, amigos, sempre tentando definir como devem agir; personalidade controladora e carente. Na realidade, agem como gostariam que agissem consigo. Muito vulneráveis à rejeição, apresentam baixa autoestima e possessividade com pessoas e/ou objetos. Este remédio é um dos mais prescritos porque é indicado em todas as situações em que há sentimento de perda e/ou rejeição. E essas, seguramente, são as mais frequentes originadoras de desequilíbrios emocionais.

Como exemplo, podemos citar, na infância, aquelas crianças hiperativas que fazem de tudo para chamar a atenção de seus pais e incomodando as pessoas que as rodeiam; na idade adulta, a esposa ou o marido insatisfeito(a) porque acha que deveria receber mais atenção e carinho do cônjuge; assim como o idoso, muitas vezes, simulando doenças só para chamar a atenção de seus familiares. Têm muita pena de si mesmos e sofrem muito com a autocomiseração no intuito de "amolecer o coração" das pessoas, fazendo com que elas se compadeçam e lhe dediquem amor e carinho. Em todas as situações em que há dor crônica, de qualquer etiologia.

CLEMATIS (Clematis vitalba)

Para as pessoas sonhadoras, que parecem nunca estar completamente acordadas e, assim, apresentam dificuldades na concentração e memória. Outros sintomas que indicam sua prescrição são: sonolência diurna, dificuldade para acordar pela manhã, desmaios, sonambulismo, falta de interesse pela vida, tonteiras, com sensação que flutua, dificuldades na memória e concentração.

CRAB APPLE (Pyrus malus)

É o remédio da limpeza. Indicado para pessoas muito detalhistas, perfeccionistas, que têm mania de limpeza, vergonha de si mesmos, medo de doenças ou que estão envenenadas ou contaminadas, que têm aversão por si mesmas. Comportamento obsessivo com ou sem rituais, ideia fixa; comportamento hipocondríaco, tiques nervosos; acne, infecções de repetição, transpiração com odor fétido, mau hálito.

ELM (Ulmus campestris)

Indicado para situações que parecem ultrapassar a capacidade de serem suportadas, como dor, cansaço, excesso de tarefas e responsabilidades quotidianas. Aumenta a nossa resiliência.

GENTIAN (*Gentiana amarella*)

Recomendado para situações de desânimo, em que o indivíduo está deprimido e sabe o porquê (depressões leves reativas); pessimismo.

GORSE (*Ulex europaeus*)

Indicado para o desânimo, quando dá vontade de largar tudo e sumir, mas não sabe nem para onde. Na maioria das vezes, a pessoa nem percebe o quanto está desanimada. A evidência clínica são as chamadas "olheiras", aquelas sombras escuras que surgem sob as pálpebras inferiores e que são confundidas com cansaço ou noites mal dormidas e, às vezes, com herança familiar. O remédio GORSE restabelece a vontade interior, devolvendo ao indivíduo o desejo de viver, e sua ação é tão intensa que costuma exercer um efeito regenerador no nosso organismo.

HEATHER (*Calluna vulgaris*)

Para as pessoas que sofrem de solidão e que, muitas vezes, nem se dão conta desse sentimento, mas detestam ficar sem alguém por perto. Geralmente, têm hábito de falar muito, inclusive quando estão sozinhas, e até em locais públicos insistem em dialogar com estranhos. Com frequência, têm personalidade viscoide, pegajosa, e gostam de ficar tocando ou posicionam-se muito próximo do outro quando falam. Outro sinal que indica solidão é a necessidade de dormir com aparelho de rádio ou televisão ligado. Observamos, também, que, por medo de ficarem sós, preferem manter um casamento falido e insuportável, do que tomar uma decisão de separação.

HOLLY (*Ilex aquifolium*)

Esse remédio floral é indicado para pessoas com agressividade, violência, ira, ciúmes, inveja, desconfiança permanente e para quase todos os casos de dor (aguda ou crônica).

HONEYSUCKLE (*Lonicera caprifolium*)

É indicado para o apego ao passado. Pessoas que não conseguem desvencilhar-se do seu passado, lembranças que resistem ao tempo e que, muitas vezes, permanecem causando sofrimento, vínculos que se romperam, porém se fixam na lembrança, impedindo estabelecer novos. Onirismo com pessoas e situações do passado. Atenção em relação às pessoas idosas que, por insatisfação com presente e por não conseguirem vislumbrar um futuro, a única opção é voltar ao passado, e, sem esse recurso, a tendência mais provável é iniciar um quadro depressivo.

HORNBEAM (*Carpinus betulus*)

A indicação deste remédio é para o cansaço mental. Para aquelas pessoas que se sentem esgotadas mentalmente. Acordar e sair da cama pela manhã exige grande sacrifício. Muito útil em épocas de estudo mais intenso e períodos de esforço mental. Atenção: este remédio floral aumenta o tônus muscular, e seu uso prolongado pode produzir sintomas relacionados à hipertonia muscular, tais como dores na musculatura da região cervical e/ou lombar, ou intensificar rigidez muscular em pacientes com sequelas neurológicas, como as decorrentes de acidente vascular cerebral ou doenças neurodegenerativas.

IMPATIENS (*Impatiens royalei*)

O nome deste remédio floral já indica sua aplicação: impaciência. Aquelas pessoas que são apressadas, impacientes, que acham sempre que os outros são lentos. Também indicado para aliviar tensão emocional ou muscular e dores; dificuldade para dormir; dores lombares.

LARCH (*Larix europea*)

Indicado para sentimentos de incapacidade, de inferioridade, de autodesvalorização. Muitas vezes, acreditam tanto no fracasso, que desistem antes de começar. Muito útil quando se pretende iniciar algum empreendimento ou projeto.

MIMULUS (*Mimulus luteus*)

Recomendado para tratar as fobias em que o paciente consegue definir as causas, tais como medo do escuro, de crescer, de envelhecer, de ficar pobre, de lugares abertos etc. Timidez; inibições sexuais. Como sintomas relacionados a medos, podemos citar taquicardias, sudorese palmar e/ou plantar, respiração curta e rápida, tremores no corpo; insônia, particularmente quando o paciente tem medo de morrer. É sempre bom lembrar que o medo é uma reação emocional característica do ser humano e que sua função é de nos proteger, e somente quando estiver interferindo negativamente na vida de alguém é que tem indicação de ser tratado.

MUSTARD (*Sinapsis arvensis*)

A indicação deste remédio floral é para quem apresenta depressão de repetição, ou depressão crônica e suas manifestações clínicas variadas, tais como cefaleia, fibromialgia, transtorno de pânico etc. Como a proposta desta terapia consiste em tratar a causa, deve-se evitar prescrever este remédio logo no início do tratamento em virtude de ele provocar, com frequência, exacerbação acentuada dos sintomas, como reação colateral.

OAK (*Quercus pedunculata*)

Esse remédio floral deve ser prescrito para aquelas pessoas que habitualmente exageram muito no desempenho de suas tarefas, dedicando-se com tal empenho que têm dificuldade em relaxar e descansar. Auxiliar nas insônias e contraturas musculares.

OLIVE (Olea europaea)

Indicado para as pessoas que apresentam sensação de esgotamento físico e mental após período de atividades intensas e prolongadas, ou outras situações debilitantes como convalescenças. Lesões por esforços repetitivos (LER), fascites, como relaxante muscular.

PINE (Pinus sylvestris)

A indicação para a prescrição deste remédio floral é sentimento de culpa, que geralmente produz muito sofrimento para quem padece dele. Grande parte das vezes, o paciente não tem consciência de que tem culpa, e isso dificulta sua identificação. Vamos descobri-lo naquelas pessoas que sempre acham que poderiam ter feito mais por alguém, ou que sofrem dores. Algumas vezes, aquelas que têm história de fracassos financeiros e/ou perdas materiais. Explicando: quem se sente culpado precisa ser punido, e geralmente a punição ocorre em forma de sofrimento (dor) e/ou perda material. Também pode estar presente em fatos traumáticos do passado, tais como a ausência na morte de um ente querido, um aborto provocado, a sensação de não ter conseguido salvar alguém mesmo que isso não fosse possível, remorso, ou camuflado em forma de depressão ou angústia. Algumas pessoas chegam a assumir culpas de outrem como suas.

RED CHESTNUT (Aesculus cárnea)

Para o excesso de preocupação com os outros, apego excessivo a outras pessoas, induzindo a preocupações desnecessárias, ansiedade, insônia e até comportamentos obsessivos. Muito útil quando ocorre alguma separação temporária (filhos quando viajam) ou definitiva (separação conjugal, rompimento de namoro ou noivado).

ROCK ROSE (*Helianthemun vulgare*)

Este é o remédio para o pânico, para ocasiões de emergência em que o indivíduo apresenta reações intensas de extrema, transtorno de pânico, perda da consciência, após acidentes ou discussões, antes de realizar provas ou entrevistas. Os sintomas, como taquicardia, taquipneia, transpiração excessiva, tremores no corpo e tensão muscular súbita, cedem rapidamente pouco depois de sua administração ao paciente.

ROCK WATER

Este remédio é recomendado para as pessoas que apresentam rigidez como característica de sua personalidade. Geralmente são pessoas que exigem muito de si mesmas, a ponto de cometer sacrifícios para servir como exemplo para os outros. Dores articulares, contraturas musculares, principalmente na região cervical, doenças osteoarticulares degenerativas e litíase biliar ou renal são as indicações de prescrição mais comuns para este medicamento. Curiosamente, este remédio é preparado com água pura e cristalina dos córregos e riachos do País de Gales e exposta ao sol, sem adição de qualquer flor.

SCLERANTHUS (*Scleranthus annuus*)

Indecisão é a principal indicação para prescrição deste medicamento, em suas diversas manifestações oscilatórias e/ou cíclicas, tais como tonteiras, alternâncias bruscas do humor, assim como tudo que representar falta de equilíbrio — hipotensão ou hipertensão arterial, alterações hormonais, sintomas que comprometem apenas um dimídio corporal, dormências, sintomas que migram pelo corpo. Este foi o único remédio floral que Dr. Bach recomendou que, após regressão dos sintomas, o paciente deveria fazer uso complementar com outro remédio, o Agrimony.

STAR OF BETHLEHEM (*Ornithogalum umbellatum*)

Para situações provocadas por trauma de qualquer origem física ou psíquica. Como exemplo, podemos citar: após acidente, após uma catástrofe, após um sequestro, após tratamento quimioterápico ou radioterápico. É um excelente anti-inflamatório e atua muito bem no sistema imunológico.

SWEET CHESTNUT (*Castanea vulgaris*)

Este remédio floral está indicado para o desespero, o desalento, angústia aguda e suas as manifestações clínicas equivalentes da angústia crônica, que se traduzem por sintomas contraturais ou espasmódicos já citados em relação ao remédio Agrimony, só que de forma intensa e aguda (*angorpectoris*, bolo esofagiano, cólicas diversas, anorexia, refluxo gastresofágico, tosse seca etc.).

VERVAIN (*Verbena officinalis*)

Este é o remédio para as pessoas idealistas, que gostam de impor aos outros a sua verdade; autoritarismo; detestam ser contrariadas e costumam expressar-se em tom alto. Irritabilidade, intolerância, câimbras, contraturas musculares (principalmente na região cervical) e demora para iniciar o sono são sintomas característicos.

VINE (*Vitis vinifera*)

Para indivíduos dominadores, inflexíveis, arrogantes, tiranos, autoritários. Como acreditam que estão sempre certos, nem tentam convencer os demais sobre a sua verdade. Não aceitam diálogo e, por isso, não têm hábito de expor suas opiniões. Os sintomas geralmente estão vinculados aos eventos circulatórios, tais como edemas, retenção hídrica, acidentes vasculares, principalmente hemorrágicos, hipertensão arterial, angiomas. Também podemos incluir constipação intestinal e distensão abdominal. Simbolicamente, todos teriam relação com personalidade de **ego inflado**.

WALNUT (*Juglans regia*)

Para pessoas sensíveis a influências externas. Indicado para aqueles indivíduos que se deixam influenciar facilmente por pensamentos, ideias ou opiniões dos outros e a fatores externos, como variações climáticas ou produtos que provocam alergias. Também se recomenda seu uso sempre que houver alguma mudança na vida, como casamento, separação, mudança de emprego ou de cidade, para romper com o passado e os velhos padrões de comportamento e se adaptar à nova realidade.

WATER VIOLET (*Hottonia palustris*)

Indicado para os pacientes que apresentam tristeza aparentemente sem motivo, melancolia, vontade de se isolar, crises de choro. Esses sintomas costumam ser mais acentuados em dias nublados e ao anoitecer. Dificuldades no relacionamento interpessoal, principalmente em crianças. Como gostam de se manter isolados, costumam ser confundidos como arrogantes ou orgulhosos. Em crianças que apresentam quadros mais intensos, é conveniente que se faça diagnóstico diferencial com autismo.

WHITE CHESTNUT (*Aesculus hippocastanum*)

Para os pacientes que apresentam pensamentos repetitivos, obsessivos, percebidos, principalmente, ao deitar para dormir, que dificultam iniciar o sono e, geralmente, produzem pesadelos, gerando noites mal dormidas e cansaço ao despertar. Também indicado para os casos de soni1óquios (falar enquanto dorme) e cefaleia frontal por excesso de pensamentos. Dificuldade na concentração também é queixa frequente, já que a atenção está comprometida pela enxurrada de pensamentos contínuos, o que pode provocar falhas na memória e acidentes.

WILD OAT (*Bromus asper*)

Indefinição é a palavra-chave para este medicamento. As pessoas que necessitam dele apresentam dificuldade em obter gratificação e, frustradas e insatisfeitas, estão sempre em busca de novos desafios, trocando de emprego, de residência, de hábitos alimentares, de companheiro etc. Geralmente inteligentes, possuem muitas habilidades, mas perdem o interesse quando conquistam o objeto pretendido e saem em busca de novos interesses. Seria o que Freud denominou de fracasso do sucesso. Pode-se usá-lo também como catalisador, nas situações em que não conseguimos identificar bem qual remédio a ser prescrito. Sua administração faria aflorar mais o distúrbio emocional, facilitando o diagnóstico.

WILD ROSE (Rosa canina)

Para os pacientes com quadro de desânimo intenso, apáticos, que perderam a capacidade de reagir. Podem, assim, encontrar-se devido à monotonia do cotidiano, ou desgaste intenso por doença física ou psíquica. Nesse caso, podemos citar a síndrome de Burnout como exemplo. Geralmente, os pacientes apresentam palidez cutânea acentuada (cor de cera), sem vitalidade. Em alguns casos, podemos encontrar anemia crônica associada. Pode ser útil como terapia complementar para os casos de insuficiência suprarrenal ou tireoidiana. Uma criança que não recebe carinho e/ou estímulo adequado pode apresentar esse quadro clínico, mas, se a situação causadora não for sanada, é óbvio que a simples administração do medicamento não resolverá o problema.

WILLOW (*Salix vitellina*)

Este é o remédio para os pacientes que apresentam amargura, mágoa, rancor, que se sentem injustiçados pela vida. Para aqueles que não se permitem ser felizes: toda vez que algo de bom lhes acontece, logo em seguida, alguma coisa ruim surge e impede a alegria. Com frequência, queixam-se da sensação de amargor na boca.

RESCUE REMEDY

Este medicamento é a associação dos remédios Rock Rose, Cherry Plum, Clematis, Impatiens, Star Of Bethlehem, que Dr. Bach preparou para os casos de emergência (ver a descrição correspondente de cada um). É indicado para todas as situações agudas em que há estresse físico e/ou psíquico, tais como acidentes, pânico, dores, realização de provas, afecções agudas (por exemplo, infarto do miocárdio), lipotimia etc.

Capítulo IV

Hipóteses sobre o local de ação dos Remédios Florais de Dr. Bach

Como relatado anteriormente, no início do Capítulo II, o maior entrave para a aceitação dos Remédios Florais de Dr. Bach como método terapêutico é o fato de o Dr. Edward Bach ter fundamentado sua descoberta em base espiritualista. Isso, sem dúvida, dificultou muito sua divulgação e aceitação. No entanto, não foi suficiente para impedir que se propagasse sua prescrição pelo mundo afora e fossem reconhecidos e validados pela OMS como método terapêutico, numa assembleia de 19 de maio de 1976.

São registrados na Inglaterra e nos EUA como remédios homeopáticos, porque Dr. Bach usou método homeopático no seu preparo. Nos EUA, constam da relação da VIII Farmacopeia Homeopática dos EUA.

Embora ainda muita gente duvide de sua eficácia, quando manipulados e prescritos corretamente, seus efeitos são incontestáveis. E uma pergunta formulada com frequência é: "onde e como agem no nosso organismo?" Para responder essa questão, podemos direcionar de formas distintas: em relação à psique e em relação ao nosso corpo.

Em relação à psique

Apesar de os conceitos sobre o inconsciente (pessoal e coletivo) serem a base da grandiosa obra do psiquiatra suíço Carl Gustav Jung, o processo de individuação da personalidade é a força motriz da Psicologia Analítica de Jung. É por meio dele que a nossa personalidade poderá desenvolver-se e relacionar-se com o inconsciente de forma equilibrada ou não, o que significará saúde ou doença psíquica.

A Psicologia Analítica de Jung busca promover a saúde mental do paciente, fazendo com que ele possa desenvolver sua personalidade e, acima de tudo, estabelecer o equilíbrio psíquico, harmonizando o **ego** e o **inconsciente** através do eixo **ego-si-mesmo**. Conforme citado no capítulo II, de forma análoga, essa seria a função dos Remédios Florais: equilibrar a nossa mente, harmonizando o relacionamento entre o **ego** e o centro ordenador e unificador da psique (**inconsciente**), denominado por Jung como **si-mesmo** (*self*).

Em relação ao nosso corpo

A tendência de quem não conhece os Remédios Florais de Dr. Bach é dizer que não funciona, ou, no máximo, que têm ação placebo, já que, quando submetidos à análise química, nenhuma substância é identificada. Mas isso reflete apenas falta de conhecimento sobre o assunto. Se alguém pegar uma fita VHS, ou um CD ou DVD, e fizer a análise de seu material, poderá descobrir a sua composição química, mas ficará sem saber o que neles está gravado. Para obter essa informação, é necessário um aparelho adequado que possa fazer a leitura de seus dados. Assim, se o método terapêutico do Dr. Edward Bach é diferente da medicina alopática, as formas de pesquisa também devem ser diferentes.

Dr. Edward Bach tinha consciência de que sua descoberta era muito avançada para sua época e até escreveu um artigo para o "médico do futuro". Só que esse futuro já chegou.

Nos conceitos atuais, podemos definir as emoções como sensações decorrentes de reações bioquímicas que ocorrem no cérebro. A melhor forma para entender o processamento delas é comparar o funcionamento do nosso cérebro a um computador — por sinal, um computador fantástico. Assim, o cérebro seria o hardware, que dispõe de uma unidade de memória (disco rígido), onde grava seus dados, e um sistema operacional, o software. No nosso caso, temos vários tipos de memória: memória de curta duração, de longa duração, de aprendizado, emocional. Aqui, abordaremos apenas a memória emocional.

A memória com conteúdo emocional é armazenada numa região do cérebro conhecida como Sistema Límbico, que corresponde a um conjunto de estruturas responsáveis pela coordenação e pelo controle das emoções. É gravada fazendo alusão a um fato.

O nosso organismo se comunica com o mundo por meio dos órgãos dos sentidos: visão, audição, olfato, paladar, sensibilidade (tátil, dolorosa, térmica, pressão). Esses órgãos captam os estímulos, os transformam em impulsos neuroquímicos e enviam ao cérebro, à região conhecida como Tálamo, que os direciona ao Sistema Límbico, onde é realizada a comparação com o que já está gravado. Esse processo é ultrarrápido, em milésimos de segundos, pois visa à nossa proteção. Então, o estímulo que chega é avaliado, comparado com o que já existe gravado e respondido de forma idêntica à que havia na memória. A perfeição desse método consiste na rapidez da resposta, já que, se cada vez que chegasse um novo estímulo, o cérebro tivesse que processar uma resposta, seria um caos, além de não haver a resposta rápida necessária em situações que ofereçam perigo. Assim, toda vez que o cérebro identificar um fato já previamente gravado, ele vai reproduzir as mesmas reações anteriormente armazenadas, boas ou ruins.

Por exemplo, uma menina com 2 anos de idade, cujos pais se separam e o pai sai de casa, fica gravada a sensação de ter sido abandonada, rejeitada. Aos 20 anos, o namorado termina o relacionamento, vai ser ativada a memória de abandono, de rejeição. Aos 38 anos, é demitida do emprego, novamente está sendo rejeitada. São fatos diferentes, em épocas diferentes, mas com o mesmo conteúdo emocional.

Dr. Bach, ao idealizar seu método terapêutico, definiu:

1. que as doenças resultam da permanência crônica de desequilíbrios emocionais;

2. que os seres humanos têm um conjunto de reações emocionais que é igual para todos;

3. que, para haver cura, é necessário tratar a causa da doença, ou seja, o desequilíbrio emocional.

Como a finalidade dos Remédios Florais de Dr. Bach é de equilibrar as emoções, que são controladas pelo Sistema Límbico, podemos concluir que esse seria o local de ação deles.

Também podemos observar que um computador, além de ter sua estrutura física (hardware), precisa de um sistema operacional (software) para que possa funcionar, o Dr. Bach, quando definiu que os seres humanos apresentam um conjunto de reações emocionais que é igual para todos, descobriu que o nosso cérebro tem um Programa de Reações Emocionais, ou seja, o "software emocional" do nosso cérebro. Dessa forma, seus remédios preparados de flores atuariam reprogramando a memória interna nos locais onde houver algum bloqueio. Não é mesmo uma medicina avançada?

Mas ainda era necessário satisfazer uma curiosidade: como interpretar a teoria do Dr. Edward Bach em sua concepção original? Dentro da minha formação médica em Neurocirurgia e Neurologia, preciso de uma lógica para poder fazer diagnóstico e prescrever os medicamentos, e os conceitos do Dr. Bach, definitivamente, fugiam completamente aos meus conhecimentos. Pesquisei bastante e, em livros que abordam Medicina Holística, encontrei algo sobre Medicina Vibracional, que me pareceu poder explicar alguns fundamentos de seu método terapêutico: além do (1) corpo físico, temos outros seis corpos invisíveis ao olho nu, que são conhecidos como "aura". São eles:

2. corpo emocional;

3. corpo mental inferior;

4. corpo etérico;

5. corpo mental superior;

6. corpo causal (oval);

7. corpo eletrônico.

Só que, na realidade, eles não estão dispostos nessa ordem, mas em outra disposição, a saber:

1. corpo físico;

4. corpo etérico;

2. corpo emocional;

3. corpo mental inferior;

5. corpo mental superior;

6. corpo causal (oval);

7. corpo eletrônico.

Dessa forma, os remédios florais, ao elevar nossas vibrações, reaproximariam o corpo mental inferior (o eu inferior) do corpo mental superior (o eu superior).

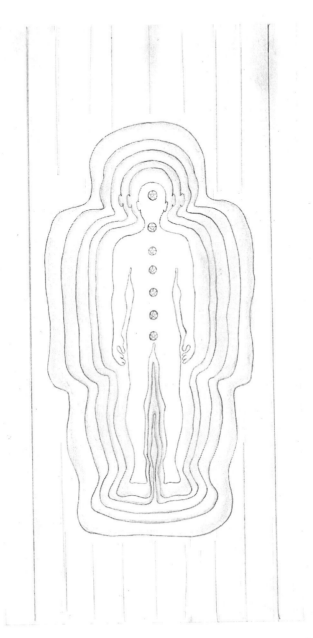

Fonte: imagem adaptada de *Alquimia Interior*, de Zulma Reio, 5. ed. Editora Ground, 1989.

Capítulo V

Como prescrever

É necessário esclarecer que, antes de iniciar o tratamento com o sistema terapêutico do Dr. Edward Bach, de remédios preparados de flores, o paciente deverá ser submetido a uma avaliação clínica preliminar, para fazer diagnóstico diferencial de doenças que possam existir, dos sintomas decorrentes de distúrbios emocionais. A terapia floral do Dr. Bach é um método auxiliar de cura e que jamais substituirá o tratamento alopático.

Dr. Edward Bach escreveu que o "médico do futuro" teria que ser profundo conhecedor da natureza humana. Conforme já citado anteriormente, o psiquiatra Sigmund Freud afirmou que as emoções se situam no inconsciente. Isso pode explicar por que não conseguimos ter controle sobre elas, pois nosso comando consciente se restringe ao **ego**. Todavia, é por meio dos conceitos do psiquiatra Carl Gustav Jung que podemos utilizar a terapia com remédios preparados de flores do Dr. Edward Bach.

Segundo Jung, o **inconsciente** se manifesta por meio de simbologia. Isso quer dizer que precisamos de uma dinâmica de interpretação para que possamos entender sua forma de comunicação.

No capítulo anterior, foi citado que o cérebro processa as informações que recebe e as armazena de forma semelhante a um computador. As memórias com conteúdo emocional são registradas, fazendo alusão a determinadas situações, e sempre que chegar algum estímulo que ative essa memória, a resposta será semelhante à que já existe programada. Por exemplo, a separação dos pais de uma menina de 2 anos de idade em que o pai sai de casa, o que fica registrado na memória dessa criança é que, se o pai foi embora, ela foi abandonada (sentimento de rejeição e de perda). Tempos depois, aos 20, essa jovem está apaixonada, e o namorado termina o namoro, novamente vem à tona o sentimento de perda e rejeição. Passam-se mais 15 anos, e ela é demitida do emprego, mais uma vez é ativada a memória do sentimento de rejeição. São fatos diferentes, ocorridos em épocas diferentes, mas com o mesmo conteúdo emocional. Assim, quando um paciente que apresenta uma queixa de determinado desequilíbrio emocional, não basta verificar o remédio floral correspondente e prescrevê-lo. Temos que identificar à qual situação ele pode estar relacionado e gravado na memória interna, para que possamos fazer a correta prescrição.

Convém acrescentar que a interpretação dos sonhos também fornece dados para auxiliar na escolha dos medicamentos a serem prescritos, já que eles representam via direta de comunicação do inconsciente. Aliás, por meio dos sonhos, muitas vezes, conseguimos identificar a resolução de determinado conflito emocional, ou quais outros que precisam ser tratados. Geralmente, a ação dos remédios florais principia pelos fatos mais recentes em direção aos mais antigos. Conforme orientação do Dr. Bach Centre, devemos sempre prescrever poucos remédios de cada vez, colocando, no máximo, seis em cada frasco. Como conduta pessoal, limito a 12 o número de remédios em cada prescrição, divididos em dois frascos.

Caso 1: 1ª consulta em março de 1994. Paciente feminina, funcionária pública, 44 anos, com queixa de pânico de chuva há mais de cinco anos. Não se lembrava de ter enfrentado qualquer situação crítica que envolvesse chuva. Prescrição: Rock Rose + Mimulus + Aspen + Star of Bethlehem + Impatiens. Retornou um mês depois sem melhoras. Novamente negou qualquer fato que tivesse relação com chuva, enchente, inundação, afogamento etc. Orientada a repetir a mesma prescrição anterior. Mais uma vez, retornou sem nenhuma melhora. Insisti para que tentasse lembrar algum fato ou acidente relacionado à chuva, mesmo que fosse muito antigo. Então, relatou que 17 anos antes, após falecimento de sua mãe, todos os domingos, depois da missa, ia ao cemitério levar flores para depositar no túmulo dela, e num dia de chuva branda, quando se deslocava de ônibus para o cemitério, o coletivo derrapou e tombou. Alguns passageiros tiveram ferimentos leves e até ajudou a socorrê-los, mas, a partir daquele momento, deixou de levar flores para o jazigo da mãe. Com esses dados, foram acrescentados, à sua receita: Chicory, para sentimento de perda, e Pine, para sentimento de culpa por não mais levar flores para a mãe falecida. Quando retornou à consulta, no mês de setembro de 1994, disse que havia melhorado e até enfrentado forte neblina com chuva fraca em rodovia, durante viagem com o marido, e nunca mais teve pânico de chuva, mesmo decorridos 17 anos.

Caso 2: paciente feminina, 35 anos, solteira, técnica de cinema com história de episódios de cefaleia intensa há vários anos, que surgem principalmente sob estresse. Intolerância, impaciência, sono interrompido. Sente-se cansada. Demora para dormir devido a pensamentos que povoam sua mente ao deitar. Irritabilidade e sentimentos de culpa. Prescrição: Rock Rose + White Chestnut + Olive + Impatiens + Aspen + Vervain + Holly + Pine. Rock Rose para o estresse, White Chestnut para os pensamentos repetitivos ao deitar e para o sono interrompido, Olive para o cansaço que ajuda a agravar o estresse, Impatiens para tensão emocional, Aspen para apreensão que provoca o sono interrompido, Vervain para a intolerância e para ajudar a relaxar a musculatura e dormir, Holly para a agressividade, e Pine para o sentimento de culpa. Começou a apresentar melhora progressiva dos episódios de cefaleia até completa remissão em cerca de seis meses, e assim permanece há 15 anos.

Caso 3: paciente feminina, 24 anos, solteira, jornalista, com queixa de medo intenso de vento — na realidade, medo de que a força do vento quebre a janela de sua casa e a machuque ou a alguém de sua família — há vários anos e medo de ambientes fechados. Informa que, na infância, quando tinha 4 anos de idade, estava com seus pais em embarcação de transporte marítimo, quando subitamente surgiu forte tempestade e provocou violenta ventania, que fez com os vidros da embarcação partissem-se e ferissem algumas pessoas.

Prescrição: Star of Bethlehem + RockRose + Mimulus + Chicory + Heather + Pine + Centaury + Impatiens. Ao completar um mês, retornou à consulta e disse que havia notado melhora parcial da claustrofobia, mas nenhuma resposta terapêutica em relação ao medo de vento. Mantive a prescrição. Novamente retornou sem melhorar o medo de vento e queixou-se de medo de perder o controle. Então, substituí Centaury por Cherry Plum. A paciente só retornou oito meses depois, após ter ficado em pânico durante vendaval e estar com pensamentos obsessivos em relação a ventos. Prescrição: Rock Rose + Mimulus + Aspen + Cherry Plum + Holly + chicory e Heather + Pine + Centaury + White Chestnut + Vervain + Impatiens. Um mês depois, ainda estava com pensamentos obsessivos em relação a ventos, e substituí Heather por Crab Apple, mantendo restante da composição por 60 dias. Apresentou melhora progressiva dos medos e dos pensamentos obsessivos, porém piorou um pouco após ficar sem emprego por dois meses. Relatou que estava com intolerância acentuada a cheiro de bebida alcoólica, que a impedia de se aproximar de qualquer pessoa que estivesse exalando odor alcoólico. Prescrevi Beech em substituição a Vervain, mantendo restante da composição. Quando retornou à consulta após um mês, disse que já não mais apresentava medo de vento. Nesse mesmo dia, antes da consulta, eu havia lido, em revista de publicação científica, que pesquisadores haviam descoberto que o infrassom produz arrepios e sensação desagradável nas pessoas, como se estivessem em casa "mal-assombrada", e pude concluir que a melhora do medo de vento tinha sido consequente ao remédio floral Beech, que é para intolerância em geral, inclusive a sons. Nesse caso específico, o som provocado pelo vento é que deveria gerar a sensação de pânico. Oito anos já se passaram, e a paciente permanece sem medo de ventos.

<u>Caso 4</u>: paciente masculino, 44 anos, bancário, casado, com história de episódios de cefaleia desde a adolescência, com períodos de melhora e piora. Fotofobia. Exposição ao sol provoca cefaleia, assim como ingestão de bebida alcoólica e alguns alimentos como chocolate. Relatou apresentar gastrite. Prescrição: Rock Rose +

Holly + Scleranthus + Beech + Impatiens + Walnut e White Chestnut + Aspen + Pine + Sweet Chestnut. Retornou à consulta um mês depois, informando que estava com melhora acentuada das crises de cefaleia e queixando-se de sonolência diurna e de falta de interesse em geral. Acrescentei Clematis à prescrição. Evoluiu com melhora progressiva das crises de cefaleia, da sonolência diurna e na concentração com a continuidade do tratamento, obtendo remissão da cefaleia, até o momento presente, oito anos após o início do tratamento. OBSERVAÇÃO: sempre que existe queixa de dor, há indicação da prescrição de Holly, para agressividade, Pine, para culpas e Scleranthus, para fotofobia.

Caso 5: paciente feminina, 47 anos, professora, com relato de transtorno de pânico há 19 anos. Queixava-se, também, de tristeza, crises de choro, sensação de fracasso após demissão de emprego, oito meses antes da consulta. Medo de sair sozinha e incorporar algum demônio desde que tinha ido a um centro espírita, há 19 anos. Relatou estupro a partir de 7 anos de idade por irmão mais velho, várias vezes, sob ameaça de ser enforcada; e sentia culpa, pois, quando já estava na adolescência, desejou que ele morresse, e ele morreu no dia seguinte. Medo de enlouquecer. Crises de cefaleia. Estava medicada com Imipramina pamoato 75mg/dia, prescrita por psiquiatra. Prescrição: Pine + Chicory + Mimulus + Holly + Larch + Cherry Plum + Gorse + White Chestnut. Ao retornar à consulta um mês depois, estava com melhor disposição, sem queixas de cefaleia e com melhora das crises de choro. Relato de angústia. Prescrição: Pine + Chicory + Aspen + Holly + Agrimony + Crab Apple + Gorse + White Chestnut. Evoluía com melhoras progressivas. Prescrição: Pine + Chicory + Mimulus + Holly + Agrimony + Crab Apple + Mustard + White Chestnut. Com a continuidade do tratamento, permaneceu evoluindo com melhora progressiva, e isso permitiu que, aos poucos, a dose da Imipramina pamoato fosse gradativamente reduzida até a retirada total dela e dos Remédios Florais. Quinze anos depois, permanece bem, sem crises de pânico, sem depressão, sem cefaleia, desempenhando normalmente suas atividades profissionais e pessoais.

Capítulo VI
Considerações finais

Dr. Edward Bach, em seu artigo "Cure-se sozinho", publicado por C. W. Daniel CO, em 1931, no Capítulo 4, afirmou que a grande causa-base de todas doenças é o **egoísmo**, e que a cura estaria na dependência de se conseguir um método que o transformasse em **altruísmo**. Anteriormente, em 1930, quando escreveu "Algumas considerações fundamentais sobre doença e cura", publicado pelo jornal Homeopathic World, já havia definido que o Remédio Floral Chicory é o indicado para indivíduos com personalidade egoísta.

O egoísta é aquele indivíduo que quer tudo para si, que não consegue amar ninguém, que não tolera sentir-se rejeitado, tem baixa autoestima. Quer ser amado, mas não ama a si mesmo.

Ao nascer, nenhum outro animal é tão indigente quanto o ser humano. A maioria dos animais, poucos instantes depois do nascimento, já vai atrás da mãe e do alimento, enquanto o ser humano, se não receber os cuidados de alguém, morre. É fundamental para sua sobrevivência ser cuidado e alimentado por alguém. Gradativamente, vai evoluindo e ganhando independência. Começa a engatinhar, a andar, a falar e, assim, sucessivamente, torna-se cada vez mais independente até atingir a fase adulta, ao término da adolescência. Do ponto de vista físico, está desenvolvido e capaz de viver por seus próprios meios, pronto para procriar e iniciar um novo ciclo de vida. Porém, emocionalmente, permanece no estágio anterior, querendo ser amado e cuidado por alguém. É quando os distúrbios emocionais afloram com mais intensidade. Quanto mais imatura a personalidade do indivíduo, mais intensa é a sua necessidade de se sentir amado por alguém, e mais intenso é o sentimento de rejeição, o que pode, inclusive, induzir o indivíduo a atitudes extremas de violência.

Para que haja mudança desse quadro, é preciso que ocorra mudança de atitude, que deixe de querer ser amado e passe a amar a si próprio.

Como conseguimos essa transformação? Pode ser por meio das lições duras da vida — processo longo e sofrido que pode trazer outros bloqueios emocionais —, com psicoterapia, que também é demorada e cujo sucesso depende não apenas da capacidade do profissional, mas também da anuência do paciente, pois o psicoterapeuta só pode tratar do que o paciente permitir, ou com Remédios Florais de Dr. Bach — que, nessa situação descrita, é o Chicory, o Remédio Floral para sentimento de rejeição.

No Capítulo V, foi citado que o nosso cérebro tem um funcionamento idêntico a um computador e que armazena os dados que chegam a ele, correlacionando-os a fatos que tenham a mesma simbologia, ou significado emocional. Desse modo, ao processar as respostas aos estímulos a ele enviados, ele os compara com as memórias já registradas e responde de acordo com as experiências já gravadas.

Procurando encontrar o fato original capaz de desencadear sentimento de rejeição e que servisse de modelo para as demais reações emocionais ao longo da vida, percebi que a possibilidade mais provável seria o momento de nosso nascimento, quando somos expulsos do ventre materno. Esse acontecimento ocorre em condições elevadas de estresse. Para melhor entender, descreverei como acontece o trabalho de parto.

Partindo do princípio de uma gravidez normal a termo, começam a surgir contraturas da musculatura uterina, cada vez mais vigorosas e frequentes que, numa criança que esteja bem posicionada (com a cabeça para baixo), faz com que ela reaja com taquicardias e movimentos da cabeça contra o colo uterino, no intuito de provocar dilatação do mesmo para sua passagem. Quando acontece a dilatação total do colo uterino, as contrações uterinas ficam mais vigorosas e expulsam a criança para o exterior. É o momento crucial para nós, que temos que nos adaptar logo às novas condições de vida, à luz, à temperatura, expandir os pulmões ao realizar a primeira inspiração de ar. A circulação sanguínea sofre mudança importante com o fechamento da comunicação interatrial, e o sangue, que era bombeado do ventrículo direito para o ventrículo esquerdo e, daí, para a aorta, passa a ser bombeado do ventrículo direito para a artéria pulmonar, onde vai ser oxigenado nos pulmões e retornar pela veia pulmonar para o ventrículo esquerdo e, daí, para a aorta. Ainda bem que não nos lembramos desse momento difícil e provavelmente doloroso, que fica gravado na memória do cérebro.

Provavelmente, fica explicado por que reagimos tão mal quando sentimos que somos rejeitados e, também, quando apresentamos sintomas de taquicardias, cefaleia, dor precordial e falta de ar, diante de situações de estresse.

Nos tempos atuais, em que a concentração populacional aumenta cada vez mais nos grandes centros urbanos, produzindo um estresse constante nos indivíduos e consequente desequilíbrio emocional, mais do que nunca, torna-se necessário dispormos de meios que promovam o equilíbrio da nossa mente, inclusive porque ninguém duvida mais do poder destruidor em nosso organismo, provocado por desequilíbrios emocionais.

O que podemos constatar é que Dr. Edward Bach e Dr. Carl Gustav Jung dedicaram suas pesquisas a uma melhora da nossa qualidade de vida, desvendando os mistérios da natureza humana, para, assim, nos permitir bem-estar, além de poder promover uma evolução no comportamento humano, já que, ao longo dos milênios, o homem permaneceu imutável nas suas atitudes comportamentais, agressivo, violento, destruidor, em busca do poder, matando por dinheiro e/ou pela honra ou por pura crueldade, destruindo o meio ambiente; e somente com atitudes mais equilibradas é que poderemos assegurar a continuidade da vida aqui na Terra.

Referências

BACH, Edward. **A terapia floral:** Escritos selecionados de Edward Bach. São Paulo: Ground Ltda., 1991.

BACH, Edward. **Os remédios florais do Dr. Bach**. São Paulo: Pensamento, 1992.

BARNARD, Julian. **Padrões de energia vital**. São Paulo: Aquariana, 1992.

BARNARD, Julian. **Um guia para os remédios florais do Dr. Bach**. São Paulo: Pensamento, 1990.

BONTEMPO, Márcio. **Medicina natural-florais de Bach**: Iridologia. São Paulo: Nova Cultural, 1992.

BURN, Lucilla. **Mitos gregos**: O passado lendário. São Paulo: Moraes, 1992.

CHANCELLOR, Philip M. **Manual ilustrado dos remédios florais do Dr. Bach**. São Paulo: Pensamento, 1992.

DE RINGE, Friederike Maschmann. **El ramo de flores de Bach**: Nuevas experiencias de terapia floral. Buenos Aires: Kier S/A, 1995.

DETHLEFSEN, Thorwald; DAHLKE, Rudiger. **A doença como caminho**. São Paulo: Cultrix, 1996.

EDINGER, Edward. **Ego e arquétipo**. São Paulo: Cultrix, 2000.

HALL, James A. **Jung e a interpretação dos sonhos**. São Paulo: Cultrix, 1992.

JONES, Tom W. Hyne **Dicionário dos remédios florais do Dr. Bach**. São Paulo: Pensamento, 1991.

JUNG, Carl Gustav *et al.* **O homem e seus símbolos**. Rio de Janeiro: Nova Fronteira, 1993.

JUNG, Carl Gustav. **A natureza da psique**. Petrópolis: Vozes, 1991.

JUNG, Carl Gustav. **Ab-reação, análise dos sonhos, transferência**. 2. ed. Petrópolis: Vozes, 1990.

JUNG, Carl Gustav. **Estudos sobre psicologia analítica**: Psicologia do inconsciente — o eu e o inconsciente. v. 3. Petrópolis: Vozes, 1991.

JUNG, Carl Gustav. **Memórias sonhos reflexões**. Rio de Janeiro: Nova Fronteira, 1993.

KOLTUV, Barbara Black. **O livro de Lilith**. São Paulo: Cultrix, 1991.

KRIPPER, Victor. **Terapia floral Bach aplicada à psicologia**. São Paulo: Gente, 1992.

LE DOUX, Joseph. **O cérebro emocional**. Rio de Janeiro: Objetiva, 1998.

MARGOTTA, Roberto. **História ilustrada da medicina**. São Paulo: Manole, 1998.

MCGUIRE, William; HULL, Richard Francis Carrington. **C.G. JUNG**: entrevistas e encontros. São Paulo: Cultrix, 1982.

MÉNARD, René. **Mitologia greco-romana**. v. 1, 2, 3. São Paulo: Opus, 1991.

NOGUEIRA, Julio. **A vida pitoresca dos deuses**. São Paulo: Fundo de Cultura, 1965.

RAMSELL, John. **Florais de Bach**: perguntas e respostas. Rio de Janeiro: Campus, 1998.

REYO, Zulma. **Alquimia interior**. 5. ed. São Paulo: Ground, 1991.

SCHEFFER, Mechthild; STORL, Wolf-Dieter. **Flores que curam el alma**. Barcelona: Urano, 1993.

SCHEFFER, Mechthild. **A terapia original com as essências florais de Bach**. São Paulo: Pensamento, 1996.

SCHEFFER, Mechthild. **Terapia floral do Dr. Bach**: teoria e prática. São Paulo: Pensamento, 1992.

SILVEIRA, Nise. **Jung**: vida e obra. Rio de Janeiro: Paz e Terra S/A, 1978.

STERN, Claudia. **Tudo o que você precisa saber sobre os remédios florais de Bach**, São Paulo: Pensamento, 1995.

VLAMIS, Gregory. **Rescue**: florais de Bach para alívio imediato. São Paulo: Roca, 1992.

WHEELER, F. J. **Repertório dos remédios florais do Dr. Bach**. São Paulo: Pensamento, 1990.